AF370927

SOUS PRESSE :
La Mantille, opéra-comique en un acte.

LA FRANCE
DRAMATIQUE
AU
DIX-NEUVIÈME SIÈCLE.

Palais-Royal.

FRANÇOISE ET FRANCESCA,
COMÉDIE EN DEUX ACTES, MÊLÉE DE COUPLETS.

426 — 427.

PARIS:

J. N. BARBA,	DELLOYE,	BEZOU,
AU PALAIS-ROYAL,	RUE DES FILLES-S.-THOMAS.	BOULEVART S. MARTIN,
Derrière le Théâtre Français;	Près de la Bourse.	Et rue Meslay, n° 34;

ON SOUSCRIT ÉGALEMENT
DANS LES BUREAUX DE LA FRANCE PITTORESQUE,
PLACE DE LA BOURSE.

1838.

AVIS. Les Sociétaires de la France Dramatique ont l'honneur de prévenir le public :
1° Qu'ils font imprimer en une seule livraison les pièces de théâtre en **UN** acte.—2° Qu'ils publient en deux livraisons toutes les pièces de théâtre en **DEUX, TROIS, QUATRE** et **CINQ** actes, pour donner plus souvent des pièces nouvelles. — 3° Que les Pièces nouvelles des *Grands Théâtres* seront publiées en **TROIS LIVRAISONS** toutes les fois que le prix du manuscrit nécessitera cette addition. — 4° Que le service des souscriptions est réglé conformément à cet ordre de publication depuis le 1er avril 1838.

FRANÇOISE ET FRANCESCA,

COMÉDIE EN DEUX ACTES, MÊLÉE DE COUPLETS,

PAR

M. VARNER;

Représentée pour la première fois, à Paris, sur le théâtre du Palais-Royal, le 29 décembre 1838.

DISTRIBUTION DE LA PIÈCE :

LE COMTE DE SURVILLE.............................. M. DORMEUIL.
LÉONARD, *élève du Conservatoire, pour la classe de violon*.... M. LEVASSOR.
CRÉPINEL, *cordonnier pour femmes*...................... M. SAINVILLE.
FRANÇOISE, *élève du Conservatoire, pour la classe de chant*... ⎫
FRANCESCA, *cantatrice italienne*........................ ⎬ Mlle DÉJAZET.
PALMIRE, *sœur de Françoise, élève du Conservatoire, pour la classe de déclamation*........ Mlle PERNON.
AMANDA,   *id.*   *élève du Conservatoire, pour la classe de piano*................................. Mme DUPUIS.
UNE DOMESTIQUE...................................... Mlle JOSÉPHINE.

La scène se passe, au premier acte, à Paris ; au second acte, à Bordeaux.

ACTE PREMIER.

Le théâtre représente une pièce du petit logement occupé par les trois sœurs.

SCÈNE I.

PALMIRE, AMANDA.

(Elles sont assises l'une à la droite l'autre à la gauche du théâtre, auprès d'une petite table. Amanda est occupée à copier de la musique, Palmire à ourler un fichu.)

AMANDA.

Que c'est donc ennuyeux de copier de la musique !

PALMIRE.

Pas plus que de coudre... Voilà déja trois fois que je me pique le doigt.

AMANDA.

Moi, je suis à mon sixième pâté.

PALMIRE, *se piquant.*

Encore !.. (Elle jette le fichu.) Au diable l'ouvrage !... Je ne suis pas du tout à ce que je fais.

AMANDA, *se levant.*

Ni moi non plus ; j'ai là quelque chose qui me pèse et qui m'étouffe !

PALMIRE.

Ah ! bah !... un secret, peut-être ?

AMANDA.

Tu l'as dit : c'est un secret.

PALMIRE, *soupirant.*

Dieu ! que je te plains ! Et que ça fait mal !

AMANDA.

N'est-ce pas ?

PALMIRE.

Je ne connais qu'un remède en pareil cas : c'est de tout dire à sa sœur... Conte-moi ça, pendant l'absence de Françoise.

AMANDA.

Volontiers, car je n'oserais pas si elle était là..... elle me fait peur. Elle a pris sur nous un empire et une autorité...

PALMIRE.

Je ne sais pas pourquoi. Ce n'est pas notre mère... elle n'est pas plus que nous : elle est notre sœur.

AMANDA.

Elle n'a pas d'ordres à nous donner.

PALMIRE.

Nous sommes libres, et si nous voulions...

AMANDA.

Qui est-ce qui nous en empêche de vouloir ?

PALMIRE.

L'amour de la paix. Nous n'avons jamais essayé de lui tenir tête.

AMANDA.

Il n'y a que le premier pas qui coûte.

PALMIRE.

Eh bien ! je te promets de commencer.

AMANDA.

Moi, de te soutenir... Tu verras, quand je m'y mets que j'ai du caractère.

PALMIRE.

Voici le moment, car je l'entends !...

AMANDA, courant à sa place.

Eh ! vite, à l'ouvrage !... qu'elle ne nous trouve pas à rien faire.

Palmire reprend son tricot qu'elle recommence à ourler, pendant qu'Amanda se remet à sa musique.

SCÈNE II.

LES MÊMES, FRANÇOISE.

FRANÇOISE, entrant un panier au bras, et les regardant.

À la bonne heure !.. voilà comme j'aime à vous voir au travail! ça fait passer le tems, ça éloigne les mauvaises pensées. C'est tout profit pour des jeunes filles... (Otant son panier.) Aïe !

PALMIRE.

D'où viens-tu donc comme ça, ma sœur ?

FRANÇOISE.

Pardine ! du marché. Est-ce qu'on ne mange pas tous les jours ? surtout quand on demeure au cinquième, en bon air, et que l'on fait de l'exercice sans sortir de chez soi.... Je suis allée chercher le déjeûner.

AMANDA.

Tu n'avais qu'un mot à dire, nous t'aurions évité cette peine.

FRANÇOISE.

Le plus souvent que je vous enverrai à la provision, pour que vous vous en fassiez conter par un tas de galants !... Il n'y a pas jusqu'aux épiciers qui s'en mêlent ! Ils vous débitent des douceurs avec leur sucre... et puis l'habitude de brûler du café, ça les échauffe.

PALMIRE.

Oh ! tu as toujours peur pour nous.

FRANÇOISE.

Parceque je vous connais : Vous vous feriez attraper... vous n'avez pas d'expérience.

PALMIRE.

Ne dirait-on pas qu'elle en a beaucoup !

FRANÇOISE.

Peut-être.

PALMIRE.

Et d'où te vient-elle ?

FRANÇOISE.

Qu'est-ce que ça vous fait, pourvu que j'en aie à votre bénéfice et que vous en profitiez ?.. En tous cas si on m'y rattrape jamais...

AMANDA.

Ça t'est donc arrivé ?

FRANÇOISE.

Qui est-ce qui vous dit ça ?... Je dis seulement que ça arrive toujours assez vite aux jeunes filles, et que ça nous vient plutôt que dix mille livres de rente.

PALMIRE.

A merveille... elle va encore faire de la morale.

FRANÇOISE.

Ce n'est pourtant pas trop mon habitude ; mais, c'est à moi que notre mère commune, Madeleine Cornillot vous a confiées... elle me répétait sans cesse : « Françoise, c'est toi qui « as le plus de tête; je veux qu'après moi tu sois « le chef de la famille, que tu me remplaces et « que tu surveilles tes sœurs... » C'est-il vrai ?...

PALMIRE.

Nous savons bien qu'elle disait ça...

FRANÇOISE.

Vous me devez donc respect et obéissance, par égard pour sa volonté. Cette pauvre mère !... elle nous aimait tant !..

AMANDA, soupirant.

C'est vrai !...

FRANÇOISE.

Restée veuve avec trois filles et son état d'ouvreuse de loges pour unique fortune, elle s'est sacrifiée pour nous...

PALMIRE, soupirant.

C'est vrai !..

FRANÇOISE.

AIR des Scythes.

Riche en famille et non en numéraire,
Les petits bancs composaient tout son bien;
Ell' se privait même du nécessaire,
Mais ne voulait nous voir manquer de rien. (*bis.*)
La pauvre ouvreuse, après tant de misère,
A dû là-haut tout droit monter soudain;
Ell' qui, trente ans, du paradis, sur terre,
A tout le monde a montré le chemin !

PALMIRE.

Elle est venue à bout de nous donner de l'éducation...

FRANÇOISE.

Elle nous a fait entrer au Conservatoire, où notre avenir dépend de nous. Hélas! elle ne verra pas nos succès ! mais elle y comptait... je la vois encore, malade, dans son lit, bien souffrante... j'étais près d'elle à lui donner des soins, pendant que vous étiez à votre classe; et, pour ne pas perdre de temps, je répétais un rondeau brillant que je devais chanter le lendemain... elle-même l'avait exigé... et, malgré ma tristesse, je chantais !... tout-à-coup, un léger bruit frappe mon oreille... bravo! bravo !... c'était elle !... ses mains affaiblies s'étaient rapprochées pour m'applaudir... Ah ! je me sentis vivement émue, et, pour lui témoigner ma reconnaissance, je me mis à chanter avec plus de verve encore :

Quel plaisir ! quelle ivresse !

Hélas ! je me retourne, et notre pauvre mère n'existait plus !...

(Elle fond en larmes.)

PALMIRE, pleurant aussi.

Françoise, je t'en prie, ne pleure pas comme ça... ça lui ferait de la peine à cette brave femme!

AMANDA, pleurant à son tour.

Et nous qui ne lui avons jamais donné de chagrin, il ne faut pas commencer.

FRANÇOISE, s'essuyant les yeux.

C'est juste, je vous dois l'exemple du courage.

AMANDA.

Tâchons d'oublier un peu le passé.

PALMIRE.

Nous avons à nous occuper de l'avenir.

FRANÇOISE.

Est-ce que ça vous regarde? ne suis-je pas là?

PALMIRE.

Sans doute... mais il peut survenir des circonstances...

FRANÇOISE.

J'y ai songé pour vous, et je rapporte quelque chose...

AMANDA et PALMIRE.

Quoi donc?

FRANÇOISE.

Vous le saurez tout-à-l'heure... mais, le plus pressé est de déjeûner... les émotions, ça creuse l'estomac... je vais faire un tour à la cuisine. Vous pouvez mettre le couvert.

(Elle sort.)

SCÈNE III.

PALMIRE, AMANDA. Elles se regardent un instant.

PALMIRE.

Eh bien! ma sœur?...

AMANDA.

Eh bien! Palmire?...

PALMIRE.

Nous ne sommes pas plus avancées.

AMANDA.

Le moyen, avec elle, de prendre la parole!

PALMIRE.

Elle la garde toujours!

AMANDA.

Nous ne sommes plus, pourtant, de petites filles.

PALMIRE.

Non, sans doute.

AMANDA.

Nous sommes dans l'âge où l'on fait tourner les têtes...

PALMIRE.

Il faut profiter de ce moment-là.

AMANDA.

Tu es tout-à-fait dans mes idées.

PALMIRE.

C'est un temps qui passe si vite!

AMANDA.

Et pour ne jamais revenir!

PALMIRE.

Je vois que nous nous comprenons à merveille.

AMANDA.

C'est que notre position est la même peut-être.

PALMIRE.

Je suis tentée de le croire.

AMANDA.

Nous avons toutes deux fait une passion.

PALMIRE.

Je n'ai donc pas besoin de te l'apprendre.

AMANDA.

Je t'en félicite, ma bonne sœur... car je me reprochais d'être seule heureuse.

PALMIRE.

Mais que dira Françoise?

AMANDA.

Ce qu'elle voudra; mais je ne peux pas lui laisser ignorer plus long-temps...

PALMIRE.

Va-t-elle nous gronder!

AMANDA.

Je crois bien! elle est fière parceque son tour n'est pas encore venu.

PALMIRE.

Et pourtant, un moment j'ai eu de l'espoir... ce beau jeune homme qui venait nous voir en tilbury.

AMANDA.

Ah! oui, un agent de change, ou quelque chose comme ça.

PALMIRE.

Mais elle l'a renvoyé; il ne revient plus.

AMANDA.

Il en viendra d'autres... elle ne sera pas toujours invulnérable... et alors...

SCÈNE IV.

LES MÊMES, LÉONARD.

LÉONARD, entr'ouvrant la porte du fond et passant la tête.

Y a-t-il quelqu'un, mesdemoiselles?

PALMIRE.

Il me semble que vous devez bien voir que nous y sommes.

LÉONARD.

C'est juste... mais j'ai la vue tellement troublée...

(Il entre et va poser sur une chaise l'étui qui contient son violon.)

PALMIRE, à demi-voix à Amanda.

Effet de l'émotion quand il vient ici... et il y vient tous les jours... il paraît que je lui ai donné dans l'œil.

AMANDA.

Est-ce que tu aurais sur lui des idées?

PALMIRE.

Ma foi non; je lui laisse les siennes.

AMANDA.

J'entends : c'est un amoureux qui ne compte pas.

LÉONARD, après quelques efforts et regardant de tous côtés.

Mesdemoiselles, je suis heureux de vous rencontrer seules, de pouvoir rompre le silence et vous déclarer mes sentiments.

PALMIRE.

Comment, monsieur?...

LÉONARD.

Il y a long-temps que je voulais le faire.

AMANDA, à demi-voix à Palmire.

Ah çà! il me semble qu'il s'exprime.

LÉONARD.

Je balançais, je n'osais pas... enfin, je me suis raisonné; je me suis dit : « ce sont des bêtises... il faut en finir...» et je viens pour ça... vous saurez donc que je suis amoureux comme un fou...

PALMIRE, jouant l'étonnement.

Il se pourrait!

LÉONARD, baissant les yeux.

De votre sœur Françoise...

AMANDA, souriant.

Ah! bah!...

PALMIRE, étonnée.

De Françoise?...

LÉONARD.

Vous trouvez que c'est hardi de ma part... je le sais bien... aussi, je compte sur vous pour la disposer en ma faveur.

AMANDA.

Avec plaisir, monsieur Léonard.

PALMIRE.

Croyez que nous serions enchantées qu'elle accueillît vos hommages.

LÉONARD.

Ah! que vous êtes bonnes!

AMANDA, à demi-voix.

C'est qu'avec un amoureux pour son compte elle n'aurait plus rien à nous dire.

LÉONARD.

Ça ira tout seul, si vous vous en mêlez...

PALMIRE, à Léonard.

Vous pensez donc avoir des chances?

LÉONARD.

Dam!... elle me parle toujours avec bonté... je suis le fils de sa nourrice... nous avons sucé le même lait... et depuis quelque temps je puise comme elle des leçons au Conservatoire.. il me semble que c'est une destinée suffisamment sympathique et un commencement d'union formée par le hasard.

AMANDA.

Nous tâcherons d'achever son ouvrage.

PALMIRE.

Certainement que si ça dépend de nous...

SCÈNE V.

LES MÊMES, FRANÇOISE.

FRANÇOISE, tenant des œufs sur le plat qu'elle pose sur la table.

A table! à table!... voici le déjeûner.

PALMIRE et AMANDA.

Vite à nos places!

FRANÇOISE, s'armant d'une cuiller.

Il y a un œuf pour chacune de nous...je vais faire les parts.

LÉONARD, regardant Françoise.

Dieu! qu'elle est belle dans cette attitude!

FRANÇOISE.

Eh! mais c'est Léonard.

PALMIRE, avec un peu d'hésitation.

Oui... il était venu ici pour...

FRANÇOISE.

Pour déjeûner, peut-être?

LÉONARD.

Merci !... je n'ai pas faim.

FRANÇOISE.

Tant mieux... car, nous n'avons que trois couverts, c'est juste notre compte...nous n'aurions pas pu t'en offrir un.

LÉONARD, à part.

Mauvais début!

PALMIRE, tendant son assiette.

Pourrais-tu me donner un peu de jaune?

AMANDA, tendant la sienne à son tour.

Et à moi un peu de blanc.

LÉONARD, à Palmire.

Parlez donc pour moi!

FRANÇOISE.

Puisque Léonard n'est pas occupé, s'il nous versait à boire.

LÉONARD.

De tout mon cœur, mesdemoiselles. (Il prend la carafe et verse à boire.)

PALMIRE.

Oh! la belle eau!...

FRANÇOISE.

C'est de la filtrée... rien que ça.

AMANDA.

Tu as bien fait de changer le porteur d'eau... il nous servait si mal!

FRANÇOISE.

Je crois bien... avec lui on était exposé à boire des poissons qui nageaient dans la carafe, tandis que ceci est clair et brillant comme du champagne... (Elevant son verre.) A la santé du Conservatoire!

AMANDA et PALMIRE.

A la santé du Conservatoire!

LÉONARD, à part, avec colère.

Quel appétit!... si elles avaient sur l'estomac une passion bien conditionnée !...

FRANÇOISE.

Qu'a donc Léonard? comme il est agité! on dirait une ame en peine.

AMANDA.

Est-ce que tu ne devines pas ce qui le tourmente?

FRANÇOISE.

Ma foi! non.

PALMIRE.

Tu n'en as aucune idée?

FRANÇOISE.

Aucune.

PALMIRE.

C'est singulier !

LÉONARD, à part.

Je donnerais dix ans pour être plus vieux de cinq minutes.

FRANÇOISE.

Est-ce qu'il a perdu la parole?

AMANDA.

Non, mais il craint de s'en servir... il nous a priées de parler pour lui.

FRANÇOISE, riant.

Vous en êtes bien capables, et il ne pouvait pas mieux s'adresser... voyons.

LÉONARD, piétinant.

Je suis sur des charbons ardents !

AMANDA.

Léonard t'aime. .

PALMIRE.

Et voudrait t'épouser.

FRANÇOISE.

C'est là ce qu'il vous a chargées de me déclarer ?

LÉONARD, avec explosion.

Et ce que je confirme de vive bouche devant vous, devant le maire et devant le curé quand on voudra.

FRANÇOISE.

Un instant, mon garçon... tu vas trop vite !

LÉONARD.

C'est que je suis furieusement pressé.

FRANÇOISE, se levant pendant que ses sœurs ôtent le couvert.

Écoute : tu as envie de me prendre pour femme .. c'est très bien... je suis sensible au procédé... je t'en remercie... mais je ne peux pas te convenir...

LÉONARD.

Pourquoi ?

FRANÇOISE.

Parceque...

LÉONARD.

Mais encore...

FRANÇOISE.

Tu sais que je me destine au théâtre...

LÉONARD.

Eh bien ! ça n'empêche pas...

FRANÇOISE.

Non, mais c'est un état bien scabreux... Les planches sont glissantes... et les quinquets, ça brûle... on est exposée aux déclarations, aux billets-doux et aux gentillesses de la médisance...

LÉONARD.

Bath!... quand on ne lui donne pas à mordre...

FRANÇOISE

Elle mord tout de même... le monde ne croit pas à la vertu dans les coulisses... ça lui parait déplacé. Il nous donne des amants, même quand nous n'en avons pas : ce qui est cause que, parmi nous, il y en a fort peu qui s'en privent... et celles-là, encore, c'est qu'elles sont laides ou qu'elles sont bêtes.

LÉONARD.

Et je sais bien que vous n'êtes ni l'un ni l'autre, et alors... non, je dis une bêtise.... je veux dire seulement que vous êtes incapable...

FRANÇOISE.

Qu'en sais-tu?

LÉONARD.

Que vous ne pouvez jamais avoir eu d'inclination.

FRANÇOISE.

Ça ne te regarde pas... Enfin, je dis que quand on se destine au théâtre, c'est comme pour le couvent... il faut renoncer au mariage... et si jamais il me prenait envie d'en essayer, ce sera quand j'aurai trouvé un mari tout-à-fait à ma convenance, d'une foi robuste, d'une confiance surnaturelle, qui ne croira même pas ce qu'il aura vu quand je lui dirai que ce n'est pas ça.

LÉONARD.

Justement... je suis votre homme... sourd et aveugle... qu'est-ce que vous avez à répondre?

FRANÇOISE.

D'abord, que tu te flattes, que tu n'es pas sûr d'avoir toutes les qualités dont tu te vantes... et moi, il me faut une certitude... ensuite, nous n'avons rien ni l'un ni l'autre, pas même du talent.

LÉONARD.

J'en aurai un jour !

FRANÇOISE.

Je l'espère bien ; mais avec quoi vivrons-nous en attendant? Tu as encore manqué cette année le prix de violon.

LÉONARD.

Parceque je vous regardais le jour du concours... mais il n'y a qu'un mot qui serve, moi je vais droit au but : Aimez-vous quelqu'un, oui ou non ?

FRANÇOISE.

Non.

LÉONARD.

Croyez-vous possible de m'aimer un jour?

FRANÇOISE.

Je crois que oui... peut-être même que...

LÉONARD.

Eh bien ! je n'en demande pas davantage....

et si jamais je gagne du talent et une belle fortune, est-ce moi que vous épouserez ?

FRANÇOISE.

Ça dépendra...

LÉONARD.

De quoi ?

FRANÇOISE.

C'est mon secret.

LÉONARD.

C'est-à-dire que c'est à se briser la tête, à
briser son violon...

FRANÇOISE.

Aie la bonté de ne rien briser ici.

LÉONARD.

Et elle m'aime, pourtant ! et elle me le dit...
et elle ne veut rien promettre !

FRANÇOISE.

Pour être plus sûre de tenir... Assez causé
comme ça... le temps est précieux : on ne doit
pas le perdre... Amanda, tu vas te mettre à
ton piano, pendant que moi je ferai des
gammes...

(Elle fait des gammes.)

AMANDA.

Oui, ma sœur.

FRANÇOISE.

Palmire va se rendre à sa classe de déclamation... M. Samson se plaint que tu arrives toujours tard... c'est un professeur trop indulgent...
il est vrai qu'un comique ne peut pas être aussi
sévère qu'un père noble : il ne sait se fâcher
qu'en riant.

PALMIRE.

Je pars. (A part.) Je ne peux pourtant pas
m'en aller sans lui avoir parlé.

FRANÇOISE, tendant la main à Léonard.

Sans rancune, Léonard... tu ne m'en veux
pas ?

LÉONARD.

Au contraire... je vous aime encore un peu
plus.

FRANÇOISE, à part.

Pauvre garçon ! (Haut.) Fais-moi le plaisir
de rentrer cette table dans la pièce à côté.

LÉONARD.

Tout de suite, mademoiselle... Je suis si heureux quand vous me demandez un service !...
(Poussant un profond soupir.) Ah !..

(Il prend la table et la rentre dans la pièce à droite ;
Amanda se dirige vers la pièce à gauche : Françoise se
dispose à la suivre ; mais Palmire la retient en la tirant
par sa robe.)

SCÈNE VI.

PALMIRE, FRANÇOISE.

PALMIRE.

Un mot, de grace !

FRANÇOISE.

Deux, si ça peut te faire plaisir.

PALMIRE.

Tu m'as dit souvent que, pour entrer en
ménage, avant tout il faut de l'argent ?

FRANÇOISE.

On n'a pas encore trouvé le moyen de s'en
passer.

PALMIRE.

Eh bien ! j'ai de l'espoir.

FRANÇOISE.

Comment ?

PALMIRE.

Il y a quelqu'un de riche qui m'aime.

FRANÇOISE, avec incredulité.

Il te l'a dit ?

PALMIRE.

Un grand seigneur.

FRANÇOISE.

Quelque mauvais sujet !

PALMIRE.

Un homme de quarante-cinq ans.

FRANÇOISE.

Tant pis. J'en aimerais mieux un de vingt-
cinq... Ces vieux roués, c'est ce qu'il y a de
plus dangereux... (à demi-voix.) et de moins
agréable.

PALMIRE.

Quand il m'a abordée, je me rendais au
Conservatoire, les yeux baissés... comme c'est
notre habitude à toutes...

FRANÇOISE.

Modestie de convention et d'uniforme... On
a l'air de ne pas voir... on regarde en dessous...
c'est plus décent... Mais ça ne t'a pas empêché
de te faire sa déclaration ?...

PALMIRE.

Oh ! en termes vagues et respectueux. « Ma-
« demoiselle, s'est-il écrié, qu'il est doux de
« cultiver les arts !... » Manière d'entrer en
conversation... « Ils font le charme de ma vie !..
« J'adore la musique !... » — « Monsieur, je
« suis de la classe de déclamation... » — « C'est
« égal, les beaux vers ont aussi leur harmonie,
« et, récités par vous, ils doivent produire
« une émotion que j'éprouve déjà à votre vue...
« car je sens là un trouble qui m'apprend que
« je vous aime !... »

FRANÇOISE.

Eh ! mais, c'était assez clair.

PALMIRE.

AIR du couplet final de Madame Favart.

Aussi dans cette circonstance,
Me conduisant on ne peut mieux,
J'ai doublé le pas par prudence
Et rougi jusqu'au blanc des yeux.

FRANÇOISE.

Comme une ingénuité doit faire.

PALMIRE.

Puis tout-à-coup me retournant,
J'ai pris un air digne et sévère.

FRANÇOISE.

C'est encor ce qu'on nous apprend.

PALMIRE.

Ça ne l'a pas découragé... Depuis trois mois il fait ses preuves de constance... Je le rencontre sur mon passage toutes les fois que je vais au Conservatoire... Il me regarde, me salue et ne dit rien.

FRANÇOISE.

Mais il écrit.

PALMIRE.

Je te jure que non.

FRANÇOISE.

C'est moi qui reçois ses lettres.

PALMIRE.

Et tu ne m'en as pas avertie?

FRANÇOISE.

Je m'en serais bien gardée... Mais je lui ai répondu en ton nom...

PALMIRE.

En mon nom?

FRANÇOISE.

Que je lui défendais de te parler... Ça t'explique son silence.

PALMIRE.

Ah! mon Dieu!... tu m'as ruinée! tu m'as perdue!

FRANÇOISE.

Dis donc que je t'ai sauvée... Il n'y a pas à plaisanter avec les gens à voiture... ça peut vous mener trop loin... et le cœur s'égare si facilement, rien qu'au bois de Boulogne!

PALMIRE.

Quel embarras, la première fois que je vais le rencontrer!

FRANÇOISE.

Tu ne le verras plus; nous partons ce soir toutes trois pour l'Italie.

PALMIRE, étonnée.

Comment, nous quittons Paris?

FRANÇOISE.

J'ai retenu nos places à la diligence. Nous allons à Milan où je continuerai mes études et où l'on m'offre un engagement de coryphée.

PALMIRE.

Mais lui!..

FRANÇOISE.

Il se consolera... C'est une autre que toi qui sera attrapée... Il y en a tant qui desirent l'être!

PALMIRE.

Tu crois donc qu'il avait l'intention?...

FRANÇOISE.

Plus que jamais!.. Ce matin encore, il a envoyé une lettre pour toi... parce que les vieux ça écrit beaucoup, c'est très fort pour les phrases... Voilà son billet; je ne l'ai pas seulement décacheté.

PALMIRE, lisant.

« Mademoiselle, puisque vous êtes inexora« ble, inflexible, je cède à une vertu que je « n'ai jamais trouvée chez les dames du grand « monde.

FRANÇOISE.

C'est pourtant à moi que tu dois ça! Tu as fait de la vertu sans t'en douter.

PALMIRE, continuant.

« Ma passion, qui s'est encore accrue de vos « rigueurs, n'a plus qu'un dernier espoir : je « vous offre ma fortune et ma main. » (Avec éclat.) Entends-tu? sa fortune et sa main!

FRANÇOISE.

Comment! il te propose?...

PALMIRE.

Tu vois bien... c'est écrit. (Continuant de lire.) « Si vous acceptez, mettez un schal rouge « pour vous rendre au Conservatoire... Que « j'aperçoive de loin ce signal de mon bon« heur!... » — J'y cours!

FRANÇOISE, la retenant.

Y penses-tu?.. l'épouser!... avec ses quarante-cinq ans?

PALMIRE.

Mais soixante mille livres de rente!

FRANÇOISE.

Et de l'amour?

PALMIRE.

Un hôtel magnifique et une voiture!..

FRANÇOISE.

Mais de l'amour?...

PALMIRE.

De belles robes, des bijoux, des diamants!...

FRANÇOISE.

Et après?

PALMIRE.

J'irai dans les bals, dans les fêtes, dans le grand monde...

FRANÇOISE.

Mais il se souviendra d'où tu es partie... Il rougira de toi, de ta famille, te méprisera peut-être... tu seras malheureuse!...

PALMIRE.

Est-ce qu'on peut l'être avec de la fortune!

FRANÇOISE.

Si on peut l'être!... Mais moi qui te parle, moi j'ai été riche... immensément riche...

PALMIRE.

Toi?

FRANÇOISE.

Une demi-heure! et cette demi-heure-là a peut-être été le plus mauvais quart d'heure de ma vie.

PALMIRE.

Comment ça?

FRANÇOISE.

Ce n'est pas de moi qu'il s'agit, mais de toi.

PALMIRE.

Eh bien! moi je déclare que rien ne me fera renoncer à un pareil établissement, ne fût-ce que par amitié pour vous et pour être utile à ma famille.

FRANÇOISE.

Mais écoute seulement...

PALMIRE.

Je n'écoute rien... Je le veux, je le veux!... ou je ferai quelque sottise!

FRANÇOISE.

Fais alors comme tu voudras.

PALMIRE.

Adieu, ma sœur!   (Elle sort.)

FRANÇOISE.

O ma pauvre mère, Madeleine Cornillot! on ne m'écoute pas... Ce n'est pas ma faute!

SCÈNE VII.

FRANÇOISE, puis LÉONARD.

FRANÇOISE.

A présent que je vais être la belle-sœur d'un comte, c'est bien le moins que je quitte mon tablier. (On entend le bruit d'un piano.) Voici Amanda qui étudie son piano... Celle-là me reste... Nous ne partirons plus que nous deux.

LÉONARD, s'avançant à petit pas et d'un ton mystérieux.

Mademoiselle!...

FRANÇOISE.

Qu'est-ce que c'est?

LÉONARD.

Une découverte que je viens de faire : un homme caché!...

FRANÇOISE.

Où?

LÉONARD.

Dans votre propre chambre à coucher!

FRANÇOISE.

Dans la mienne?.. Nous n'en avons qu'une pour nous trois.

LÉONARD.

Il est là!... Une figure horrible!... je n'ai vu que ses pieds qui passaient sous un rideau.

FRANÇOISE.

Ah! mon Dieu!... Si c'était un voleur!

LÉONARD.

Je ne le lui ai pas demandé, mais ça m'en a tout l'air.

FRANÇOISE, éclatant.

C'est affreux à penser!... Moi qui allais sortir, laisser la maison toute seule à sa merci!...

LÉONARD.

Vous l'auriez trouvée déménagée à votre retour.

FRANÇOISE, de même.

Mais comment la police est-elle donc faite!

SCÈNE VIII.

LES MÊMES, AMANDA.

AMANDA.

Qu'est-ce qu'il y a?... pourquoi ce bruit?

FRANÇOISE.

C'est que Léonard a trouvé dans cette chambre un individu caché.

AMANDA, à part.

O ciel!

FRANÇOISE.

Un voleur! allons-y tous trois.

AMANDA, avec embarras.

Par exemple!.. un voleur chez nous!.. est-ce que ça se peut? ce n'est pas vraisemblable... il perdrait son temps.

FRANÇOISE.

Que veux-tu donc que ce soit?

AMANDA, de même.

Je ne peux pas dire... mais, à coup sûr, ce doit être autre chose, et monsieur Léonard aura mal vu.

FRANÇOISE, à demi-voix.

C'est égal, voleur ou non... mets-le à la porte...

LÉONARD.

Oui, mademoiselle.

FRANÇOISE.

Et s'il fait des difficultés, jette-le par la fenêtre.

LÉONARD.

Tout ce qui pourra vous être agréable.

(Il sort.)

SCÈNE IX.

FRANÇOISE, AMANDA.

AMANDA, se jetant dans les bras de Françoise.

Ma sœur! ma bonne sœur!... ne te fâche pas... je ne veux plus avoir de secrets pour toi...

FRANÇOISE.

Mon Dieu! comme te voilà troublée!

AMANDA.

C'est que j'ai peur que tu ne me grondes..... et cependant... si tu savais... mais tu sauras... car je suis décidée à te dire tout.

FRANÇOISE.

Est-ce qu'il t'est arrivé un malheur?

AMANDA.

Pas précisément... mais... mon cœur a fait un choix.

FRANÇOISE, froidement.

Elle aussi! Si ce n'est que ça, nous en reparlerons; quand tu seras plus calme, nous verrons!

AMANDA.

Oh! c'est tout vu!... un jeune homme superbe, un simple artisan qui n'a rien que son amour, mais il en a beaucoup!

FRANÇOISE.

Et tu veux l'épouser?

AMANDA.

Je ne pourrai être heureuse qu'avec lui.

FRANÇOISE.

Et de l'argent?

AMANDA.

A quoi bon? nous nous aimons tant!

FRANÇOISE.

Mais de l'argent?

AMANDA.

L'amour tient lieu de tout!

FRANÇOISE.

Quand on ne manque de rien... et moi, qui surveillais sans-cesse!... (A part.) Il paraît que je n'entends rien à ce métier-là. (Haut.) Comment a-t-il pu te parler à mon insu?

AMANDA.

A l'heure de ta classe, il te voyait passer et il accourait ici... nous étions seuls... il me disait : « Mademoiselle... » Je ne sais plus trop ce qu'il me disait ; (avec éclat.) mais je sens que je l'aimerai toute ma vie!

FRANÇOISE.

Est-il possible d'être bête à ce point-là! que diable! on se raisonne... moi, quand je sens que je vais aimer...

AMANDA.

Ça t'arrive donc?

FRANÇOISE.

Comme à une autre. Sont-elles étonnantes! ne croirait-on pas qu'il n'y a qu'elles au monde qui puissent... enfin, tu me ferais dire des bétises... l'essentiel est d'en faire le moins possible; et quand je sens que ça vient, que le cœur me bat... je sors, je vais me promener, et ma passion en fait autant... deux lieues à pied... on pense à autre chose, et quand on revient, on est guérie.

AMANDA.

Pour le moment.

FRANÇOISE.

On recommence.

AMANDA.

Ça ne me réussirait pas.

FRANÇOISE.

Essaie une fois seulement... et, mieux encore, je t'emmène, nous partons ce soir pour l'Italie.

AMANDA.

Impossible! notre mariage est arrêté.

FRANÇOISE.

Sans m'en avoir prévenue?

AMANDA.

A quoi bon? tu t'y serais opposée.

FRANÇOISE.

A merveille!

AMANDA.

C'est pour aujourd'hui... et il va venir me prendre tout-à-l'heure, avec les témoins, pour me conduire à la mairie.

FRANÇOISE.

Eh! mais, j'y pense, maintenant!... c'est lui qui se cachait et que j'ai fait mettre à la porte.

AMANDA.

Qu'as-tu fait? au point où nous en sommes!... lorsque le jour est pris!... que toutes les publications sont faites!...

FRANÇOISE ET FRANCISCA.

FRANÇOISE.

Qu'importe !... s'il n'y a que des publications!

AMANDA.

Oui, mais... si...

(Elle baisse les yeux.)

FRANÇOISE.

Hein!... tu baisses les yeux?... tu ne dis rien?.. je vois que c'est un mariage indispensable.

AMANDA, avec embarras.

Ma sœur!..

FRANÇOISE, à part.

O ma pauvre mère!.. qu'est-ce que tu en dis?.. je crois que tu ferais comme moi : tu serais forcée de donner ton consentement.

AMANDA, avec effusion.

Ma bonne sœur!..

SCÈNE X.

LES MÊMES, LÉONARD.

LÉONARD, à Françoise.

Mademoiselle, il n'est plus là!.. Il faisait des façons pour sortir, je l'ai rossé pour l'y décider... et, en partant, il m'a laissé un souvenir sur l'œil droit.

FRANÇOISE.

Oh! mon pauvre Léonard!

LÉONARD.

Est-ce que ça se voit?.. moi, je n'ai rien senti... c'était pour vous. Je suis prêt à en recevoir bien d'autres!.. car, il ne me tient pas quitte... il m'a dit : Jean Crépinet vous attend en bas!

AMANDA, à demi-voix à Françoise.

C'est lui! c'est mon prétendu!..

FRANÇOISE.

Il faut aller le trouver...

LÉONARD.

Pour le rosser encore?..

FRANÇOISE.

Non, pour le calmer.

LÉONARD, étonné.

Eh bien! par exemple!

FRANÇOISE.

Pour lui dire qu'il y a eu un malentendu... que ce n'était pas à lui qu'on en voulait...

LÉONARD, faisant le signe de taper.

Je me suis donc trompé d'adresse?

FRANÇOISE.

Certainement.

LÉONARD.

C'est sa faute... pourquoi ne m'a-t-il pas prévenu? maintenant je ne peux pas lui reprendre ce que je lui ai donné.

FRANÇOISE.

Tu peux au moins lui exprimer tes regrets, lui faire des politesses et tacher de le ramener ici.

LÉONARD.

Pour qui donc?... pour vous, mademoiselle?

FRANÇOISE.

Non, pour ma sœur.

LÉONARD.

J'y cours!

AMANDA.

Pourvu encore qu'il veuille revenir!

LÉONARD.

Je le battrais plutôt, pour l'y forcer !

(Il sort en courant.)

SCÈNE XI.

FRANÇOISE, AMANDA.

FRANÇOISE.

Allons... je partirai toute seule pour l'Italie.

AMANDA.

Pourquoi donc? Et Palmire?..

FRANÇOISE.

Elle fait comme toi, elle se marie.

AMANDA.

Vraiment ?

FRANÇOISE.

Mon Dieu ! oui... ce logement ne sera plus
occupé que par toi ; nous te laissons ce mobi-
lier modeste... Palmire épouse un grand seigneur, un comte...

AMANDA.

Il serait possible !

FRANÇOISE.

Ça doit être décidé maintenant.

AMANDA.

Ah ! tant mieux!.. il est riche, puissant, il
sera utile à mon mari... ce sera pour nous un
appui, un protecteur.

FRANÇOISE, froidement.

Je l'espère.

AMANDA.

Et moi, j'en suis sûre... C'est un événement
très heureux auquel nous ne devions pas nous
attendre... Tu vois bien que le ciel est pour
nous, et que tout vient en aide quand on
s'aime.

FRANÇOISE.

Sans doute ; mais les beaux-frères, c'est
comme la providence : il faut y compter... toujours... et tâcher de n'en avoir jamais besoin.
(Elle fait quelques pas. — Apercevant Palmire qui entre
par la porte du fond.) Voici Palmire, je te laisse
avec elle ; je suis bien aise qu'elle t'apprenne
elle-même son bonheur !

(Elle sort.)

SCÈNE XII.

AMANDA, PALMIRE.

PALMIRE, à part.

Que c'est pénible!... et comment faire?... je
voudrais pour tout au monde...

AMANDA, courant à elle.

Ah ! que je te félicite et que je t'embrasse!..
c'est donc vrai!.. tu deviens comtesse!.. tu
épouses un homme immensément riche?...

PALMIRE, avec embarras.

Oui... ma... sœur...

AMANDA.

Ça se trouve bien... j'épouse un artisan... qui
n'a que ses bras... nous trouverons ton mari
quand nous en aurons besoin : c'est tout simple,
entre beaux-frères on ne se gêne pas...

AIR : Vite, Marie, à ma toilette.

Ah ! quel plaisir! ah ! quelle chance !
Tout s'arrange selon mon cœur ;
L'avenir est plein d'espérance ,
Et le présent riche en bonheur.

Mon mari
Est chéri;
C'est mon cœur qui l'a choisi ,
C'est un excellent parti...
Pas d'fortun'... mais tant mieux !
Puisque ma sœur en a pour deux.
Ah! quel plaisir ! etc.

PALMIRE, à part.

Puissé-je, en cette circonstance ,
Lui laisser long-temps son erreur !
Mais il faut rompre le silence,
Et détruire , hélas ! son bonheur.

AMANDA.

Tu vas nous présenter... que je suis impatiente de le voir, ce cher comte, et de faire sa
connaissance !... ce sera-t-il pour aujourd'hui ?

PALMIRE.

Oh ! non...

AMANDA.

Tant pis!... je l'aurais invité à venir à ma
noce... avec toi.

PALMIRE.

C'est que , moi-même, je ne pourrai pas y
aller.

AMANDA.

Tu plaisantes?

PALMIRE.

Ce n'est que trop vrai... mon mari ne veut
plus que je vous voie.

AMANDA.

Qu'entends-je !

PALMIRE.

Il me commande de rompre avec ma famille...
ce n'est qu'à cette condition qu'il consent à
m'épouser.

AMANDA,

Ah! ma sœur!... moi, qui croyais... qui m'étais flattée... c'est affreux de sa part!

PALMIRE.

Ne m'en parle pas... je n'ai pas eu la force de lui répondre... je me suis retournée bien vite, pour qu'il ne vît pas que j'avais envie de pleurer.

AMANDA.

Ah! nous sommes bien à plaindre!

SCÈNE XIII.

LES MÊMES; FRANÇOISE, entrant avec une petite corbeille à la main. — Elle la dépose sur une table.

FRANÇOISE.

Eh bien! qu'est-ce que vous avez?... comme votre figure s'est allongée... est-ce qu'il vous serait arrivé quelque nouveau bonheur?.. est-ce que vos mariages seraient manqués?

AMANDA.

Il s'agit bien de ça! figure-toi que son mari ne veut pas qu'elle nous fréquente.

FRANÇOISE.

C'est tout simple! il a fait de Palmire une comtesse; mais il ne peut pas infuser de la noblesse à toute la famille. (A Amanda.) Avec ça que tu ne prends pas le chemin pour être baronne.

AMANDA.

Mieux vaut mille fois être la femme d'un artisan.

FRANÇOISE.

Mes sœurs, mes seules amies... avant de nous séparer, j'ai voulu vous offrir un dernier gage d'amitié... (Leur présentant à chacune un bouquet de roses blanches.) Que ces bouquets soient à votre côté le jour de votre mariage, et qu'ils vous rappellent Françoise... qui sera déja loin de vous!

SCÈNE XIV.

LES MÊMES, LÉONARD.

LÉONARD, accourant.

Mesdemoiselles, il y a en bas un équipage superbe... avec des laquais gris-pommelés... on demande mademoiselle Palmire.

PALMIRE.

C'est pour me conduire chez le notaire.

LÉONARD.

Il vient aussi d'arriver un fiacre jaune... avec ce monsieur que j'ai rossé et deux autres plus âgés... qui ont des cheveux blancs et des gants pareils.

AMANDA.

On vient me chercher pour la mairie.

(Elle attache à la hâte son voile de mariée.)

FRANÇOISE.

Prenons notre parapluie pour gagner la diligence.... voici bientôt l'heure du départ.

FRANÇOISE, AMANDA et PALMIRE, se tendant la main.

Bonne chance!

PALMIRE.

Je vais chercher la fortune.

AMANDA.

Moi, le bonheur!

FRANÇOISE.

Moi, du talent.

LÉONARD.

Et moi aussi! nous nous retrouverons peut-être sur la route.

FRANÇOISE.

AIR : Est-il un grand seigneur capable (de LADY MELVIL).

Nous aimer fut notre partage!
Vers un avenir incertain
Nous ne pouvons plus, c'est dommage,
Marcher en nous donnant la main.

AMANDA.

A mon cœur l'amour dit : « Espère! »

PALMIRE.

Je vais connaître les grandeurs.

FRANÇOISE.

Mais si le sort nous est contraire,
Ah! restons, restons toujours sœurs!

TOUTES TROIS.

Qu'il soit heureux ou bien contraire,
Ah! restons, restons toujours sœurs!

LÉONARD.

Ah! restez, restez toujours sœurs!

(Il va prendre la boîte qui contient son violon. On voit entrer deux laquais en grande livrée, qui viennent prendre les ordres de Palmire; puis, deux individus endimanchés et en gants blancs : ce sont les témoins d'Amanda; elle les suit. Françoise sort la dernière, armée de son parapluie. — La toile tombe.)

ACTE SECOND.

Le théâtre représente un salon élégant.

SCÈNE I.

LE COMTE, à la cantonade.

Dites à la signora que c'est un de ses plus ardents admirateurs... que j'attendrai tant qu'il le faudra, mais que je tiens absolument à lui parler... (Descendant la scène.) N'est-il pas singulier, qu'avec mon rang, ma fortune, je fasse antichambre chez une chanteuse... Voilà les prérogatives du talent... et surtout de la beauté !

Air du vaudeville de l'Apothicaire.

L'artiste est le seul aujourd'hui
Qui conserve le privilège
D'être adulé, d'être applaudi,
D'avoir une cour qui l'assiège.
Il parcourt comme un conquérant
Et les cités et les provinces...
On lui donne le nom de *grand !...*
Qu'on ne donne plus même aux princes.

Au surplus, il y a du plaisir à s'incliner devant l'idole, quand c'est une jeune et jolie femme comme la signora Francesca... c'est déjà une faveur d'être admis en sa présence... n'y parvient pas qui veut...

SCÈNE II.

LE COMTE, FRANCESCA.

FRANCESCA.

Mon Dieu ! que ma femme de chambre est maladroite !... elle sait que je suis fatiguée, indisposée... je lui avais dit de défendre ma porte.

LE COMTE.

C'est ce qu'elle a fait... j'ai insisté... j'ai méconnu vos ordres... pardonnez à mon empressement.

FRANCESCA.

Mon Dieu ! monsieur, je vous prie de m'excuser de vous avoir fait attendre ; mais j'ai tant de choses à faire... je n'ai pas encore pu lire une seule de mes lettres.

(Elle lui en montre plusieurs qui sont sur une table.)

LE COMTE.

De grace, ne vous gênez pas... traitez-moi comme si j'étais de vos amis... lisez... je vous en prie.

FRANCESCA.

Je profiterai de la permission. (A part.) Le meilleur moyen, avec les importuns, c'est de faire comme s'ils n'étaient pas là... on oublie qu'ils y sont.

(Elle se met à lire.)

LE COMTE, à part.

Elle voit bien à qui elle a affaire.

(Il s'assied dans un fauteuil.)

FRANCESCA, lisant.

« Adorable signora... (Lisant entre ses dents.) « hé !... hé !... hé !... (regardant au bas de plusieurs « lettres.) de Vernac... de Saint-Projet... Alfred « de Larcevals » Tout ça, des compliments et des demandes de loges... il est inutile d'en lire davantage. (Haut.) Monsieur...

LE COMTE, se rapprochant vivement.

Me voici... que desirez-vous, signora?

FRANCESCA.

Mais... c'est le motif de votre visite?

LE COMTE.

C'est juste... je ne l'ai pas encore dit. Vous voyez en moi un homme fort à plaindre... une vocation manquée... le ciel m'avait fait naître artiste : le hasard m'a fait millionnaire ; il m'a imposé un rang dans le monde et tous les ennuis qui s'attachent à une position un peu élevée.

FRANCESCA, ironiquement.

C'est terrible !

LE COMTE.

C'est à n'y pas tenir ! il faut que je vienne tous les ans à Bordeaux pour visiter mes propriétés qui sont considérables, pour y donner de grands diners, des fêtes... recevoir la haute société... vous ne savez pas comme c'est fatigant !

FRANCESCA, le regardant et avec intention.

Oh ! si !... je m'en doute.

LE COMTE.

Ajoutez à cela des contrariétés domestiques, des discussions conjugales... ma femme, dont j'espère bientôt pouvoir me séparer... je serais vraiment malheureux, si je ne trouvais quelques consolations dans les arts... dans la musique surtout, que j'aime avec idolâtrie !

FRANCESCA.

Monsieur est musicien ?

LE COMTE.

Non... connaisseur en musique.

FRANCESCA.

C'est bien différent.

LE COMTE.

Ex-habitué du théâtre Favart, exilé provisoirement à l'Odéon.

FRANCESCA.

Oh ! messieurs les dilettanti, vous devez faire d'excellents juges.

LE COMTE.

Nous ne nous trompons jamais ; j'ai tout de suite deviné votre talent ! rien qu'à voir ce front inspiré, ces yeux brillants... cette physionomie toute italienne... je me suis dit : Elle est née sous le ciel de ce beau pays.

FRANCESCA, à part.

Oui, rue de la Huchette, faubourg Saint-Jacques.

LE COMTE.

Mais c'est à Paris que de grands succès vous attendent... quelle émotion vous allez y produire ! tous les cœurs battront à votre présence... je le sens par le mien : comment résister au charme ?... si l'on vous entend, on vous admire !... dès que l'on vous a vue, on vous aime !

FRANCESCA, ironiquement.

Ah ! vous étiez venu pour cela... pour me faire une déclaration?

LE COMTE.

Non, signora... c'est involontairement que le cœur a fait explosion. J'avais l'intention de vous demander...

FRANCESCA , sans l'écouter.

Pardon, monsieur...

(Elle sonne.)

LE COMTE.

Elle ne me laisse pas le temps d'achever !

SCÈNE III.

LES MÊMES, UNE DOMESTIQUE.

FRANCESCA , à la domestique.

Il me semble que j'entends du bruit dans l'antichambre...

LA DOMESTIQUE.

C'est le cordonnier que la signora a fait demander ; il est là depuis une demi-heure et il s'impatiente...

FRANCESCA.

C'est juste : il n'est ni millionnaire, ni grand seigneur... il n'a pas le moyen de perdre son temps, (au comte.) et vous ne trouverez pas mauvais...

LE COMTE.

Au contraire... qu'il entre... ces gens-là sont sans conséquence ; je pourrai très bien vous parler devant lui.

FRANCESCA, à part.

Est-il tenace cet amoureux sans titre ! un ancien ne serait pas plus ennuyeux !

SCÈNE IV.

LES MÊMES, CRÉPINEL.

CRÉPINEL. Il entre en chantant :

O pescator dell' onda, Fidelin !

Pardon, signora... ceci est pour vous montrer qu'on n'est point étranger à l'art du chant et à la connaissance de l'italien.

FRANCESCA.

Pourvu que vous sachiez faire des souliers...

CRÉPINEL.

A cet égard mes preuves sont faites... je ne suis point un massacre de province.

LE COMTE , souriant.

En vérité ?

CRÉPINEL.

Fi donc !... j'ai exercé à Paris... c'est par moi que la Chaussée-d'Antin fut long-temps..... chaussée ; j'étais le cordonnier de la finance... je ne travaillais que pour des banquières et des courtières.

FRANCESCA.

Et vous avez quitté Paris pour venir à Bordeaux ?

CRÉPINEL.

Il l'a bien fallu... ma clientèle était superbe ! mais elle ne marchait qu'en voiture... ça n'usait pas assez de souliers.

FRANCESCA , à part.

Voilà un gaillard qui se ressent du voisi-

nage de la Garonne. (Haut.) Avez-vous tout ce qu'il vous faut pour prendre mesure ?

CRÉPINEL.

Si, signora...(A part.) Toujours de l'italien...

(Francesca s'assied dans un grand fauteuil pendant que Crépinel s'apprête à prendre la mesure du soulier. Le comte s'appuie sur le dossier du fauteuil.)

LE COMTE , montrant Crépinel.

Que de gens voudraient être à sa place !...

FRANCESCA , assise et tendant son pied.

Ça les avancerait bien... (A Crépinel.) Dépêchez-vous.

CRÉPINEL.

Oh ! oh !... le joli pied !

FRANCESCA , au comte.

L'imbécille !... est-ce que ça le regarde ? il n'est pas là pour dire son avis.

LE COMTE.

Vous ne pouvez pas l'empêcher d'avoir des yeux.

FRANCESCA.

Je ne veux pas qu'il ait de distractions : il n'aurait qu'à se tromper.

CRÉPINEL.

Impossible !... votre pied ne me sortira pas de la tête... je l'ai dans l'œil ; je vais vous faire une miniature...

FRANCESCA.

Qu'est-ce que vous dites ?

CRÉPINEL.

Une miniature de soulier.

AIR : Un homme pour faire un tableau.

Oui, par le modèle inspiré,
J' vais faire un chef-d'œuvre de grace ;
A coup sûr je réussirai !...
Quand j' livre un soulier qui grimace,
De mes pratiques c'est, hélas !
Toujours la faute, je vous jure ;
C'est qu'ell's ont un pied qui n'est pas
Aussi bien fait que la chaussure.

Je me recommande également... si vous aviez besoin d'un chapeau... nous en tenons.

FRANCESCA , étonnée.

Vous ?

CRÉPINEL.

Pas moi... ma femme... elle est marchande de modes, renommée pour la sévérité de ses mœurs et la légèreté de ses capotes.

FRANCESCA.

Diable !... ça vaut la peine d'être remarqué. Laissez-moi une de vos adresses.

CRÉPINEL.

C'est très facile.

(Il cherche une carte dans ses poches.)

LE COMTE , s'approchant de l'oreille de Francesca.

Signora...

FRANCESCA , se retournant comme une personne qui avait oublié.

Ah ! oui... à propos... (A part.) Je ne pensais plus à celui-là.

LE COMTE.

J'avais conçu un espoir... peut-être bien téméraire...

FRANCESCA, avec nonchalance.

De quoi s'agit-il donc ?

LE COMTE.

D'une fête artistique... que je donne dans mon hôtel à la meilleure société de Bordeaux, une soirée musicale... et, si vous consentiez à y paraître...

FRANCESCA.

Impossible !..... il me faut maintenant un théâtre : je ne sais plus chanter chez les particuliers.

LE COMTE.

Chez les particuliers, soit; mais, chez un homme comme moi, un pair de France, le comte de Surville.

FRANCESCA, à part.

Mon beau frère !...

CRÉPINEL, lui donnant une adresse.

Voici.

(Il remet le soulier à Francesca.)

FRANCESCA, jetant les yeux sur l'adresse, et à part.

Mon beau frère !... l'un si haut, et l'autre si... me voilà en famille de la tête aux pieds !

LE COMTE, à part.

Malgré ça, le nom a produit son effet... elle m'a lancé un regard...

FRANCESCA, à part

Eh bien ! je crois que des deux le cordonnier est encore le moins ennuyeux.

CRÉPINEL, à Francesca.

Vous n'avez plus rien à m'ordonner... aimable signora ?

FRANCESCA.

Si..... envoyez-moi votre femme, tout de suite.

CRÉPINEL.

Elle sera ici dans cinq minutes.

LE COMTE.

Et moi, signora... la demande que je vous ai faite ?...

FRANCESCA.

Je ne puis rien promettre.

LE COMTE.

Mais vous ne m'ôtez pas tout espoir?

FRANCESCA.

Oh! j'ai tant de devoirs à remplir... ce serait bien difficile!

LE COMTE, à part.

Elle veut se faire prier... (Haut.) Dans deux heures, je reviendrai savoir votre réponse.

(Il baise la main de Francesca et sort.)

SCÈNE V.

FRANCESCA, puis LÉONARD.

FRANCESCA, seule.

J'ai bien envie de refuser... il le mériterait...

lui qui m'a reniée pour sa parente.... qui a refusé de me recevoir...je ne vois pas pourquoi j'irais chez lui... O Conservatoire, la plus belle institution des temps modernes, tu m'as vengée!... tu m'as donné une existence indépendante, une fortune et des titres bien préférables à leurs parchemins vermoulus!...oui, les arts ont aussi leur noblesse, et je ne troquerais pas contre le blason de marquise mes couronnes de théâtre et les applaudissements du public.

AIR de la cavatine des Puritains.

Partout sur la scène ,
A Berlin, à Vienne,
Vraiment
Je suis reine.
Quel destin brillant !
Je chante; (bis.)
La foule est constante.
Ah! quel tourment! quel tourment
Quand je m'absente!
Partout je suis reine ,
Chacun cède à ma loi;
Je vois vers moi
Accourir sans regrets
Mes sujets.
Oui, oui, oui, partout je suis reine,
Rien que sur la scène ,
A Berlin, à Vienne ,
Quel destin brillant !...
Voilà que l'on commence :
« Du silence !...
« Paix là ! ... »
Chacun est dans l'attente.
J'entends dire déjà :
« C'est la prima
« Donna...
« Oui, la voilà ! »
Je chante : (ter.)
Ah ! ah ! ah !
Je chante...
La scène toujours
Eut mes amours.
C'est pour toujours !
Oui, pour toujours !

LÉONARD, passant sa tête à travers la porte.

Peut-on entrer, signora ?

FRANCESCA.

Eh! sans doute...tu n'as pas besoin de te faire annoncer; n'es-tu pas des nôtres? un ancien du Conservatoire ?

LÉONARD.

J'ai vu bien du pays depuis ce temps-là !... j'ai parcouru toute l'Allemagne.

FRANCESCA.

Et tu en es revenu aussi modeste, aussi timide, mais avec un talent qui a grandi.

LÉONARD.

Vous dites ça pour me faire plaisir.

FRANCESCA.

Du tout!... est-ce que je ne t'ai pas entendu l'autre soir?... tu as exécuté ton concerto avec une expression, un sentiment...

LÉONARD.

C'est possible; mais ça manquait de force...
la main gauche n'était pas à son affaire...je
savais que vous étiez dans la salle et j'avais
peur... je tremblais...

FRANCESCA.

Pauvre garçon !

LÉONARD.

Ça m'arrive souvent ; ça tient aux nerfs et
à l'imagination...je devrais ne penser qu'à mon
violon...eh bien! non...je pense à autre chose...
il me passe devant les yeux des idées de
toutes les couleurs... ça me prend là... (mettant
la main à son front.) ça remonte ici... et puis, je
ne dors pas.. j'ai des cauchemars fantastiques...
qu'est-ce qu'on peut faire à cela ?

FRANCESCA.

Je n'en sais rien.

LÉONARD.

On me conseille de me marier... et je voulais
vous demander votre avis.

FRANCESCA.

Ça dépend beaucoup de la prétendue.

LÉONARD.

On me propose la fille du chef d'orchestre
du grand théâtre... elle n'a pas de dot, il est
vrai.

FRANCESCA.

Pas de dot!... est-elle jolie?

LÉONARD.

Je ne l'ai pas encore vue.

FRANCESCA.

Son caractère ?...

LÉONARD.

On n'en parle pas.

FRANCESCA.

C'est qu'il n'y a pas de bien à en dire.

LÉONARD.

Mariage de convenance.

FRANCESCA.

Qui ne te convient nullement...toi, artiste,
qui as du talent et de l'avenir, tu irais te
clouer pour toujours à un orchestre de province!... tu manquerais à ta destinée... tu peux
trouver mieux que ça.

LÉONARD.

Vous croyez?

FRANCESCA.

J'en suis sûre.

LÉONARD.

C'est différent...je m'en rapporte à vous...et
si vous le voulez, je refuserai.

FRANCESCA.

Refuse, je te le conseille... les partis ne te
manqueront pas.

LÉONARD.

Est-ce que par hasard et depuis le temps que
je vous aime, vous consentiriez enfin ?

FRANCESCA.

A quoi?

LÉONARD.

Dam ! à la chose de m'épouser.

FRANCESCA.

T'épouser?...ça dépendra.

(Elle s'assied à une table et écrit.)

LÉONARD.

C'est ce que vous dites toujours; de qui ça
peut-il dépendre? de vous.

FRANCESCA.

Non... de toi.

LÉONARD.

De moi... tout de suite.

FRANCESCA.

Doucement. (Écrivant.) « Je suis à Bordeaux,
« hôtel de l'Esplanade; hâte-toi de venir : je
« t'attends...

LÉONARD, à part.

Hein !...

FRANCESCA, continuant d'écrire.

« Tu demanderas l'escalier dérobé qui con-
« duit à mon appartement. » (Elle ferme le billet
et sonne.)

LÉONARD.

Oh !...

FRANCESCA.

Qu'est-ce que tu as donc ? (Elle remet la lettre
à une domestique, et lui parle à l'oreille.)

LÉONARD.

C'est... ce billet que vous envoyez, à ce qu'il
paraît, à quelqu'un...

FRANCESCA.

Sans doute... que t'importe ?

LÉONARD.

C'est qu'il me semble un peu... équivoque.

FRANCESCA.

Équivoque ?

LÉONARD.

Je veux dire trop clair... car j'ai cru comprendre... (baissant les yeux quand Francesca le
regarde.) ou plutôt non... je n'ai pas compris...
Pardon ! je n'ai pas besoin de comprendre...

FRANCESCA.

Mais ça t'inquiète, cependant?

LÉONARD.

Un peu.

FRANCESCA.

Voilà justement ce qu'il ne faudrait pas; et
le jour où tu auras en moi assez de confiance
pour tout voir et tout entendre sans avoir
l'ombre d'un doute ou d'une inquiétude, ce
jour là....

LÉONARD.

Ce jour-là ?...

FRANCESCA.

Nous verrons....

LÉONARD.

Est-il possible !

FRANCESCA.

Parceque pour être heureux en ménage, il
faut que le mari d'une chanteuse n'ait pas
d'yeux.

LÉONARD.

Je les fermerai.

FRANCESCA.

Que le mari d'une chanteuse n'ait pas d'o-
reilles... Elle seule doit en avoir pour son état.

LÉONARD.

Je n'entendrai rien... que les roulades de ma
femme.

FRANCESCA.

A la bonne heure. Il est possible que bientôt je te mette à l'épreuve, et alors....

LÉONARD.

Alors ?...

FRANCESCA.

Alors... nous verrons.

LÉONARD.

Ah ! je ne me sens pas de joie !

UNE DOMESTIQUE, entrant.

La marchande de modes que madame a fait
demander.

FRANCESCA.

C'est bien, qu'elle entre !

LÉONARD.

Je vais avec transport décommander mon
mariage.

(Il sort en courant. Francesca remonte le théâtre et le
suit des yeux.)

SCÈNE VI.

FRANCESCA , puis AMANDA.

AMANDA, entrant avec embarras par la porte à droite
des spectateurs.

Elle va me traiter du haut en bas... une marchande de modes de province... avec ça que je
ne suis pas hardie.

FRANCESCA, redescendant la scène.

Il a du bon, on en fera quelque chose si on
sait le prendre et le maintenir dans la bonne
voie.

AMANDA, saluant et baissant les yeux.

Vous m'avez demandée, signora ?... me
voilà... Que désirez-vous ?

FRANCESCA.

Eh ! mais, te voir, te serrer dans mes bras !
tu ne m'as pas déjà reconnue ?

AMANDA.

O ciel ! ma sœur Françoise !

FRANCESCA.

Devenue Francesca par la grace de Rome et
de l'Italie... mais son nom seul a changé, son
cœur est resté le même.

AMANDA, la regardant.

Comme te voilà parée !... comme te voilà
brillante !

FRANCESCA.

Je ne t'en dirai pas autant... Il parait que ça
va mal, et que tu n'es pas heureuse?...

AMANDA.

C'est vrai... le rêve a été de courte durée.

L'amour s'est enfui dès que la misère a paru
au logis.

FRANCESCA.

Je te l'avais prédit.

AMANDA.

Les reproches, les querelles ont commencé..
ce n'est pas là ce qui donne de l'argent !...

FRANCESCA.

Au contraire, ça empéche d'en gagner.

AMANDA.

Il a fallu vendre nos meubles... le piano que
m'avait laissé ma mère...

FRANCESCA.

Comment !... ce vieil ami de la famille...
qui m'a fait faire mes premières gammes ! et
qui datait du Consulat.

AMANDA.

J'ai bien pleuré quand je l'ai vu partir...
hélas! avec le secours qu'il nous a procuré, nous
sommes venus à Bordeaux... Nous aurions
peut-être pu, avec notre travail, y trouver une
existence modeste ; mais mon mari a voulu
avoir un magasin superbe à l'instar de ceux de
Paris... une devanture en glaces , sur laquelle
on avait écrit en lettres d'or : *Négociant en
chaussures !*

FRANCESCA.

Autrefois on se contentait d'être cordonnier... et ça n'empéchait pas de faire fortune.

AMANDA.

Lui n'a fait que des dettes. Nous avons vu
arriver les embarras, le papier timbré, les as-
signations, que sais-je!... Nous n'aurions plus
rien... tous deux nous serions en prison sans
un riche étranger qui se trouvait dans cette
ville et que le hasard avait amené chez nous.

FRANCESCA.

Il y a donc encore des cœurs nobles et dés-
intéressés !... et c'est en Gascogne qu'on les
trouve !

AMANDA.

Non, ma sœur... car celui dont je parle
avait des intentions... que ses assiduités m'ont
bientôt révélées.

FRANCESCA.

Les vilains hommes!.. ils sont tous les mêmes.
Il n'y en a pas un qui vaille quelque chose.

AMANDA.

J'ai essayé de le décourager par ma froideur...
j'ai eu l'air de ne pas le comprendre... Alors,
il n'a pas rougi de m'écrire pour me menacer
de sa colère, si je ne cédais à sa tendresse... il
exige un rendez-vous.

FRANCESCA , avec indignation.

Un rendez-vous ?..

AMANDA.

Voilà sa lettre... je ne l'ai pas montrée à mon
mari... parcequ'il se serait emporté, et ça aurait pu retomber sur moi.

FRANCESCA.

Je conçois, la colère est aveugle, elle n

regarde pas où elle frappe... (examinant la lettre.) mais j'ai déja vu cette écriture. (Regardant sur la table.) Oui... cette lettre où l'on me demandait bier une entrevue pour ce matin.... je sais qui... c'est ce monsieur qui sort d'ici...

AMANDA.

Vraiment?

FRANCESCA.

Je le connais et toi aussi.... sans le connaître. Cet homme-là en veut donc à toute la famille !

(On entend frapper à gauche à la porte de l'escalier dérobé.)

AMANDA.

Qui vient là ?...

FRANCESCA.

Sois tranquille... c'est une personne de ta connaissance, et que tu seras bien aise de voir.

SCÈNE VII.

LES PRÉCÉDENTES, PALMIRE.

PALMIRE, entrant avec précipitation.

Ma sœur... ma bonne sœur !.. (Se jetant dans les bras de Francesca.) Ah ! que je suis heureuse !

FRANCESCA.

Plus encore que tu ne crois !... car , voici l'autre... notre cadette.

PALMIRE.

Quoi ! madame serait ?..

AMANDA.

La fille de notre mère... Amanda.

PALMIRE.

Ma sœur! (Elle se jette dans les bras d'Amanda.)

FRANCESCA, à demi-voix.

Allons donc !.... a-t-elle de la peine à entendre la voix du sang ! parcequ'elle est appelée à remplir ici bas un rôle de comtesse... moi qui fais les reines, je n'en suis pas plus fière.

PALMIRE.

Que ce moment a de charmes !

AMANDA.

Nous trouver de nouveau réunies !

PALMIRE.

Après tant de contrariétés !

AMANDA.

De chagrins !

FRANCESCA.

Nous voilà comme autrefois... nous avons six ans de moins !.. nous sommes encore au Conservatoire !

Air de Lady Melvil.

La famille enfin rassemblée
Est tout entière au rendez-vous.
Chacune avait pris sa volée,
Rêvant les destins les plus doux.

PALMIRE.

Mais, las! en butte au sort contraire,
Nous avons répété souvent...

AMANDA.

Le bonheur n'est qu'une chimère !

FRANÇOISE ET FRANCESCA.

FRANCESCA.

Non, ma sœur, j'y crois maintenant.

TOUTES TROIS.

Non , ce n'est point une chimère !
Nous l'éprouvons en ce moment.

FRANCESCA.

Oui, mes amies... quoi qu'il arrive , soyons toujours unies... toujours sœurs... (à Palmire.) excepté pour ton mari... celui-là ne doit pas connaitre la parenté.

AMANDA.

Et le mien ?... puis-je le dire ?...

FRANCESCA.

Certainement ; je t'autorise même à me le présenter comme beau-frère.

AMANDA.

Il ne se le fera pas dire deux fois... je cours lui annoncer cette bonne nouvelle.

FRANCESCA.

Mais dépêche-toi de revenir.

AMANDA.

Oui, ma sœur... ah ! depuis long-temps voilà la première joie que j'éprouve.

(Elle sort en courant.)

SCÈNE VIII.

FRANCESCA , PALMIRE.

FRANCESCA.

Nous sommes seules enfin !... tu as sans doute bien des choses à me raconter ; comment te trouves-tu du métier de grande dame?

PALMIRE.

Assez mal... ma sœur Amanda est bien plus heureuse.

FRANCESCA.

Je ne crois pas.

PALMIRE.

C'est une bien triste condition d'épouser un homme qui croit vous faire trop d'honneur... Le comte a eu regret de sa folie...

FRANCESCA.

Ça devait être.

PALMIRE.

Je n'ai pas tardé à éprouver ses dédains : je me suis vue abandonnée , trahie...

FRANCESCA , avec ironie.

Je sais que c'est un volage.

PALMIRE.

J'ai long-temps souffert sans me plaindre ; j'ai essayé de le ramener : je n'ai pas réussi.... mon cœur a été vivement blessé... c'est alors qu'il s'est rencontré un jeune homme...

FRANCESCA.

Comme il s'en trouve toujours en pareil cas.

PALMIRE.

Il s'est approché de moi , pauvre délaissée.. m'a témoigné de l'intérêt, de la pitié...

FRANCESCA.

Tu veux dire de l'amour.

PALMIRE.

Oh ! non , d'abord...

FRANCESCA.

Mais ça a fini par là.

PALMIRE.

J'étais si indignée des procédés de mon mari... et d'ailleurs, il paraissait si respectueux !...

FRANCESCA.

Le jeune homme...

PALMIRE.

Alfred de Luceval.

FRANCESCA.

Alfred de Luceval?...

PALMIRE.

Tu le connais ?

FRANCESCA.

Est-ce que je ne connais pas tous nos élé-
gants ?

PALMIRE.

Celui-là est très bien, n'est-ce pas? une figure
charmante !

FRANCESCA.

C'est possible..... je n'y ai pas fait atten-
tion.

PALMIRE.

Je ne lui ai pas assez caché les sentiments
qu'il m'inspirait; sa passion s'est exaltée.... et,
hier matin , c'était le jour de ma naissance....
il est venu me prier d'accepter comme gage
de sa tendresse un bracelet d'or à brisure ,
qu'il tenait à la main... Tout-à-coup , mon
mari est entré, et Alfred a fort adroitement
jeté le bijou derrière un fauteuil..... j'espérais que le comte n'avait pas vu ce mouvement ; mais plus tard, quand je suis revenue
dans l'appartement , je n'ai plus retrouvé le
bracelet... quelqu'un l'avait ramassé, et j'ai
tout lieu de croire qu'il est entre les mains de
mon mari.

FRANCESCA.

Tant pis !... je ne sais trop ce qu'il pense-
ra...après tout, ça ne prouve pas grand'chose...
un bracelet, tout le monde en porte.

PALMIRE.

Mais celui-là renfermait nos deux noms
gravés dans la brisure : Alfred et Palmire.

FRANCESCA.

Quelle imprudence !... est-ce que ça se fait
jamais quand on a de l'usage !.. on ne signe même pas les lettres d'amour... ton mari peut
en croire plus qu'il n'y en a.

PALMIRE.

Je le sais bien ; déja il m'a semblé voir dans
ses regards ironiques, dans ses dédains encore
plus prononcés...

FRANCESCA.

Ce matin même, devant moi, il a parlé
d'une séparation...

PALMIRE.

O ciel !

FRANCESCA.

C'est là qu'il veut arriver... il ne cherche
qu'un prétexte.

PALMIRE.

Tu me fais trembler... Un pareil éclat!.. un
scandale public !..

FRANCESCA.

Calme-toi... nous verrons... et peut-être...

UNE DOMESTIQUE , entrant.

M. le comte de Surville !

PALMIRE , avec effroi.

Mon mari !

FRANCESCA, la poussant vers la porte de l'escalier
dérobé.

Eh! vite!.. il ne faut pas qu'il nous trouve
ensemble !

PALMIRE , près de la porte.

Ah !.. je n'ai d'espoir qu'en toi !

(Elle sort.)

SCÈNE IX.

FRANCESCA , puis LE COMTE.

FRANCESCA.

Je ne sais trop que faire et que lui dire...
Heureusement que, sous le rapport de la fi-
nesse, la nature l'a doté d'une manière tran-
quillisante.

(Elle s'assied.)

LE COMTE , entrant par le fond et s'approchant peu
à peu.

Charmante signora, c'est encore moi : je
viens chercher votre réponse... vous voyez que
j'y mets de l'obstination.

FRANCESCA , d'un ton dolent.

Vous tenez donc bien à ce que je chante à
votre soirée ?

LE COMTE.

Si j'y tiens !.. je ne sais ce que je ne donnerais pas !..

FRANCESCA , à part.

S'il voulait seulement me donner le bracelet !..

LE COMTE.

Allons , signora , consentez à m'accorder
quelques instants.

FRANCESCA , d'un ton dolent.

Impossible. . j'ai un commencement de mi-
graine... Aïe!..

LE COMTE , à part.

Son amant l'aura contrariée!.. en voilà pour
vingt-quatre heures !

SCÈNE X.

LES MÊMES, LÉONARD.

LÉONARD.

Pardon si je vous interromps, signora; mais
il parait que c'est une lettre très pressée.

FRANCESCA, tendant la main sans se lever.

Voyons... (Elle ouvre la lettre et regarde la signature.) « Alfred de Luceval. »

LE COMTE, à part, ne pouvant maîtriser un mouvement.

Ah !..

FRANCESCA, à part, l'observant du coin de l'œil.

Plus de doute... il a tressailli à ce mot-là !.. (Elle lit à voix basse.) « Soyez assez bonne pour « faire remettre le coupon de la loge que j'ai « retenue. »

(Elle déchire la lettre et se lève vivement.)

LÉONARD.

Et la réponse?

FRANCESCA.

Il n'y en a pas.

LÉONARD.

C'est qu'on en attend une.

FRANCESCA.

Qu'on attende tant qu'on voudra.

LÉONARD.

Alors, je vais dire...

FRANCESCA.

Restez...

(Elle fait quelques pas dans la plus grande agitation.)

LE COMTE.

Il paraît que ça va mieux?..

FRANCESCA.

Oui; la colère a dissipé mon mal de tête.

LE COMTE.

En effet, vous semblez fort irritée...

FRANCESCA.

C'est que je ne puis pas souffrir l'ingratitude et les mauvais procédés.

LÉONARD, à part.

A qui en a-t-elle donc?

FRANCESCA, au comte.

Connaissez-vous M. Alfred?..

LE COMTE.

Oui... (A part.) Beaucoup trop!

FRANCESCA.

C'est contre lui que je suis furieuse!.. figurez-vous qu'il s'est pris pour moi d'une grande passion...

LE COMTE et LÉONARD.

Bah!

FRANCESCA.

Ce n'est pas là ce qui m'a fâchée... il est jeune, gentil, à la mode... il me plaisait.

LÉONARD, à part.

Aïe!

FRANCESCA.

Je lui ai permis de m'adorer... Je lui ai donné la préférence... provisoirement... il fallait voir sa joie, ses transports!... j'en étais moi-même touchée.

LÉONARD, à part.

Comme c'est agréable à entendre pour un rival!

FRANCESCA.

Eh bien! cet amant si tendre, si passionné, vient de me faire un trait épouvantable!

LE COMTE.

Lui?.. Alfred?..

FRANCESCA.

Lui : de ces traits qu'on ne pardonne pas, parcequ'ils dénotent l'ingratitude, l'indifférence!... sacrifiez-vous donc pour les jeunes gens!

LÉONARD, à part.

Ah! c'est fini... je me trouve mal!

(Il se laisse tomber sur un fauteuil et prend un flacon de sels qu'il respire.)

FRANCESCA.

Je l'avais prié de me faire raccommoder un bijou auquel je tiens beaucoup, un gage de notre mutuelle tendresse... un bracelet à brisure, où sont gravés nos deux noms : *Alfred et Palmire*...

LÉONARD, se levant vivement.

Mais ce n'est pas...

FRANCESCA, à demi-voix.

Tais-toi!

LE COMTE, étonné.

Vous vous appelez Palmire?

FRANCESCA.

Oui, pour mes intimes... pour ma famille... Francesca est mon nom de théâtre.

LE COMTE.

Et vous avez un bracelet?

FRANCESCA.

Du tout, je ne l'ai plus. Il m'écrit dans cette lettre que je viens de déchirer, qu'il l'a perdu, qu'il l'a laissé tomber de sa poche, par mégarde, il ne sait où... je vous demande comme c'est vraisemblable! aussi je n'en crois pas un mot.

LE COMTE.

Eh bien! signora, c'est la vérité.

FRANCESCA.

Allons donc!

LE COMTE.

Voici votre bracelet.

FRANCESCA.

Comment! se pourrait-il?...

LE COMTE.

Je l'ai trouvé chez moi, derrière un meuble, après une visite d'Alfred.

FRANCESCA, examinant le bracelet.

En effet, c'est bien lui!... je le reconnais... que je suis contente!... mais ce pauvre Alfred, comme je l'ai traité!.. et il était innocent!.. que j'étais injuste à son égard!

LE COMTE.

Et moi donc, qui avais pensé qu'une autre intrigue... qui ai eu un moment des idées sur ma femme...

FRANCESCA.

Ah! monsieur!... soupçonner madame la comtesse... lui supposer des torts... quand elle

serait en droit de vous adresser des reproches...
voilà bien les hommes !

LE COMTE, embarrassé.

Signora...

FRANCESCA.

C'est mal, c'est très mal... Je vous conseille
de faire votre paix avec elle.

LE COMTE.

J'essaierai...

FRANCESCA.

Dépêchez-vous... et quand elle vous aura
pardonné, à mon tour je vous rendrai quelque chose qui vous appartient... certain billet...
(elle le montre.) adressé à une de mes parentes,
une jeune marchande de modes... vous savez...

LE COMTE, troublé.

Mais, c'est une trahison !

FRANCESCA.

Faites ce que je vous demande... je pourrais
l'exiger... je vous en prie... et alors, je verrai...
peut-être me déciderai-je à chanter à votre
concert.

LE COMTE, à part.

Je suis pris... il faut s'exécuter de bonne
grace... (Haut.) Certainement, signora, vos dé-
sirs sont des ordres... sont des lois... et je me
ferai un plaisir, un devoir... d'ailleurs, la faveur
que vous me faites espérer... j'ai bien l'honneur
de vous saluer...

(Il sort.)

SCÈNE XI.

FRANCESCA, LÉONARD.

FRANCESCA.

Victoire ! nous sommes sauvés ! je ne me sens
pas de joie !

LÉONARD, pleurant.

Hi ! hi ! hi !

FRANCESCA.

Ah ! mon Dieu ! qu'est-ce que c'est ? pourquoi
ces pleurs ?

LÉONARD.

Vous devez bien le deviner !... ah ! mam'-
selle, je ne croyais pas que ça fit autant de
mal !

FRANCESCA.

Quoi donc ?

LÉONARD.

De se voir préférer un rival.

FRANCESCA, légèrement.

Ce n'est que ça ?

LÉONARD.

Ce n'est peut-être pas assez ? je vous aimais depuis si long-temps !... j'espérais toujours... maintenant... c'est fini !... la place est
prise.

FRANCESCA, souriant.

En es-tu sûr ?

LÉONARD.

Je ne suis pas sourd.

FRANCESCA.

Tu m'avais promis de l'être.

LÉONARD.

C'est vrai... mais, vous entendre dire que
vous aimez M. Alfred...

FRANCESCA.

Et s'il n'en était rien ?

LÉONARD.

Quand vous l'avez attesté, quand vous vous
êtes compromise vous-même aux yeux de ce
grand seigneur ?...

FRANCESCA.

Et si c'était nécessaire pour sauver une autre
personne ? si cette personne était sa femme, et
si sa femme était ma sœur ?...

LÉONARD.

Palmire !... en effet !... ce nom qui n'était
pas le vôtre, et que vous avez pris... Pardon !
pardon !... je suis coupable... je ne mérite pas
de grace... car, je vois maintenant que vous
êtes l'honneur, la vertu même....

FRANCESCA.

Qu'en sais-tu ?...

LÉONARD.

Je le soutiendrais envers et contre tous.

FRANCESCA.

Même contre moi ?

LÉONARD.

Certainement...

FRANCESCA.

Et si je te disais le contraire ?...

LÉONARD.

Je ne vous croirais pas.

FRANCESCA.

C'est bien... voilà comme je te voulais pour
ton bonheur et pour le mien... et maintenant,
Léonard, écoute-moi ; tu décideras après...
et tu verras, comme je l'ai dit souvent, que
notre mariage dépend non pas de moi, mais
de toi.

LÉONARD, lui prenant le bras.

Alors c'est fait, c'est arrangé, c'est fini !....
partons...

FRANCESCA.

Pas encore... Te rappelles-tu que ma pauvre
mère m'avait confié la garde de mes sœurs ca-
dettes ?...

LÉONARD.

Je le crois bien... et jamais il n'y a eu de
surveillante plus sévère et plus active pour
éloigner d'elles le danger.

FRANCESCA.

Oui... mais, malheureusement... pour les
préserver du danger il fallait le connaître
soi-même ..

LÉONARD, hésitant.

Et... vous l'avez connu ?...

FRANCESCA, lentement, et le regardant en face.

Oui...

LÉONARD.

Ce n'est pas vrai... c'est un mensonge!

FRANCESCA.

Je te remercie... et moi, en revanche, je te dois la vérité. Je ne t'avais pas vu alors.... tu n'étais pas encore au Conservatoire... et surtout, tu ne m'avais pas dit que tu m'aimais... Il y avait un banquier, un agent de change, un petit blond...

LÉONARD.

J'ai toujours détesté les blonds...

FRANCESCA.

Qui avait un tilbury... et qui me proposa de m'épouser... moi, jeune fille, élève du Conservatoire!

LÉONARD.

Et vous l'aimiez?...

FRANCESCA.

D'autres te feraient des phrases, et te diraient qu'entraînée par une passion délirante... un penchant irrésistible... pas du tout : je fus entraînée par le tilbury.... voilà ce qui me séduisit, m'éblouit, me tourna la tête... Le désir d'éclabousser mes compagnes du Conservatoire qui allaient à pied rue Bergère, une des rues de Paris les mieux crottées... la rue des Beaux-Arts!

LÉONARD.

Je la connais.

FRANCESCA.

Finalement, il m'offrit sa main et sa fortune... J'acceptai, et le lendemain il m'apprit qu'il ne pouvait tenir que la moitié de ses promesses, attendu qu'il était déja marié...

LÉONARD, avec indignation.

Quelle horreur!...

FRANCESCA.

Mais qu'il mettait à mes pieds sa fortune, que je rejetai, ainsi que lui que je mis sur-le-champ à la porte, et que je n'ai jamais revu...
(Voyant Léonard qui prend son chapeau et qui va sortir.)
Où vas-tu?

LÉONARD.

Je vais le tuer!...

FRANCESCA.

C'est inutile.

LÉONARD, élevant la voix.

Je vais le tuer!...

FRANCESCA.

Il est mort.

LÉONARD.

C'est dommage!

FRANCESCA.

Mort depuis quelques mois!.... Et, maintenant que tu sais tout, vois, Léonard, si le présent et l'avenir peuvent te faire oublier le passé.

LÉONARD.

Oublier, moi!... et qu'est-ce que j'ai donc à oublier?... n'avez-vous pas été mariée en tout bien tout honneur?... de votre côté, du moins, puisque vous avez cru l'être?... Et maintenant, n'êtes-vous pas veuve?

FRANCESCA.

A peu de chose près.

LÉONARD.

C'est une veuve que j'épouse, et une brave, une honnête femme, en qui j'aurai plus de confiance qu'en toutes les mijaurées qui ne doivent leur vertu qu'au hasard, ou au manque d'occasions.

FRANCESCA.

C'est quelquefois vrai.

LÉONARD.

Mais vous, Françoise, vous, ma femme, mon ange gardien à moi et à toute votre famille... vous que j'aime, que j'estime, que je... je vais chercher le notaire.

FRANCESCA.

Vraiment?

LÉONARD.

A l'instant même, et rien ne peut m'arrêter.

FRANCESCA.

Ah! passe chez le comte, et dis-lui que je le prie d'être mon témoin.

LÉONARD.

C'est dit.

FRANCESCA.

De signer au contrat.

LÉONARD.

C'est entendu.

FRANCESCA, lui montrant la porte de l'escalier dérobé.

Par ici, tu arriveras plus vite.

LÉONARD.

J'y cours.

(Il sort par la porte à gauche.)

SCÈNE XII.

FRANCESCA, puis CRÉPINEL et AMANDA.

FRANCESCA.

Par ce moyen, ma sœur sera prévenue de mon mariage... c'est un billet de faire part que j'envoie à la famille.

CRÉPINEL.

C'est-il Dieu possible, ce que je viens d'apprendre, signora? nous avons l'honneur d'être parents?

FRANCESCA.

Oui, monsieur Crépinel... je ne savais pas ce matin qu'un beau-frère était à mes pieds.

CRÉPINEL.

Souffrez que je m'y mette encore... non pour vous prendre la mesure, mais pour vous donner celle de mes sentiments.

FRANCESCA.

C'est inutile... je sais à quoi m'en tenir sur votre compte... votre femme a eu avec moi un entretien.

CRÉPINEL.

Elle a parlé? c'est assez son habitude.

FRANCESCA.

Et j'espère qu'à l'avenir, votre conduite...

CRÉPINEL.

Ce que vous dites là est bien flatteur... et ma reconnaissance...

FRANCESCA.

Tout ce que je vous demande, c'est d'être bon époux..... c'est d'aimer tendrement ma sœur....

CRÉPINEL.

C'est déja fait, signora... je l'aime beaucoup... (à Amanda, lui faisant les yeux doux.) n'est-ce pas, Chouchou?

(Il la pousse derrière les épaules.)

AMANDA.

Oui... il m'aime beaucoup... (à demi-voix.) tant qu'il a de l'argent.

FRANCESCA, à demi-voix.

En ce cas, il t'aimera toujours... (Haut.) Mes amis, je suis riche... je veux partager avec vous...

CRÉPINEL.

Vive ma sœur!.. Il n'y a que les artistes qui comprennent la fortune... ils savent que quand on en a... c'est pour les autres.

SCÈNE XIII.

Les Précédents, LÉONARD.

LÉONARD; il entre en courant.

J'ai fait votre commission auprès du comte... il accepte, il va venir, il est enchanté.... Ouf! comme j'ai couru!

FRANCESCA.

En effet... il y a mis un empressement... il est en nage...

(Elle lui essuie le front.)

LÉONARD.

Oh! mam'selle!.. vous allez gâter votre mouchoir!..

FRANCESCA, prenant Léonard par la main et l'amenant devant Crépinel et Amanda.

Mes chers parents, je vous présente mon futur... mon mari.

CRÉPINEL.

Un artiste de plus dans la famille... car j'ai vu monsieur... (Faisant le signe de jouer du violon.) Je sais qu'il en pince.

(Léonard embrasse Amanda; celle-ci et Crépinel lui adressent à l'envi leurs félicitations.—Pendant que ce groupe occupe la droite du théâtre sur le second plan, la porte de l'escalier dérobé s'ouvre lentement, et Palmire entre avec précaution.)

SCÈNE XIV.

Les Mêmes PALMIRE.

FRANCESCA, allant à sa sœur.

C'est toi! quelle imprudence!

PALMIRE.

J'ai appris ton mariage, et je viens à mon tour t'apporter mon bouquet.

FRANCESCA.

Merci, merci, ma sœur!..

PALMIRE.

Ah! que ne te dois-je pas!.. Mon mari s'est réconcilié avec moi... il m'a demandé pardon.

FRANCESCA.

Il me l'avait promis. Tiens, voici ton bracelet.

PALMIRE, baissant les yeux et le prenant.

Ah!.. ma bonne sœur!..

FRANCESCA.

Mais je t'en supplie, va-t'en... Le comte va venir... je l'attends.

PALMIRE.

Oui, je le sens... il le faut, je sors... Adieu!..

FRANCESCA, regardant la porte du fond.

Il est trop tard!... Ton mari!

(Le comte s'arrête un moment à la porte du fond.)

SCÈNE XV.

Les Mêmes, LE COMTE.

FRANCESCA, s'inclinant respectueusement devant Palmire.

Oui, madame la comtesse, je cède à vos instances.... J'aurai l'honneur de chanter à votre concert.

LE COMTE, s'avançant.

Bravo! brava! elle consent enfin!... (A Palmire.) Je vous remercie d'une démarche qui nous assure une soirée délicieuse.

PALMIRE, bas à Francesca.

Oui, car nous la passerons ensemble.

LE COMTE, à demi-voix à Francesca.

Ah ça! qu'est-ce que je viens d'apprendre... Alfred quitte Bordeaux.

PALMIRE, bas à Francesca.

C'est moi qui l'en ai prié.

FRANCESCA, à demi-voix à Palmire.

C'est bien. (Au comte.) Oui... il s'est fâché... à cause... de mon mariage.

LE COMTE.

Je conçois...le choix que vous faites va détruire bien des espérances.

FRANCESCA.

Mais il réalise toutes les miennes.

LE COMTE, à part.

C'est égal.... mauvais calcul dans sa position...un diamant se prête, il ne se donne

pas. (Haut.) Mais le notaire a fait dire qu'il
nous attendait dans son étude... ma voiture
est en bas, je me charge d'emmener la mariée
et sa parente.

FRANCESCA.

Quoi! monsieur le comte vous auriez la
bonté...

LE COMTE.

Comment donc, signora! nous sommes ici
en Italie, et je veux être votre cavalier ser-
vant... c'est un honneur...

FRANÇOISE.

Soit... (A part.) Il ne voulait pas de moi à
sa noce et le voilà tout fier d'être à la mienne...
ô vanité des vanités, ô triomphe du Conservatoire !

TOUS, à l'exception de Francesca.

AIR : Apollon, dieu si bon (de LA PROVA).

Mais partons,
Vite, allons !...
C'est l'affaire
Du notaire ;
Il va faire
Deux heureux,
Et nos vœux
Sont pour eux.

FRANCESCA, au public.

Ma prière
Va, j'espère.
Réussir
A fléchir ;
Je demande
Qu'on entende
Un bravo protecteur
(Montrant Palmire.)
Pour ma sœur !
(Montrant Amanda.)
Pour ma sœur !

PALMIRE et AMANDA, montrant Francesca.

Pour ma sœur !

TOUS.

Espérons !
Attendons !
C'est l'affaire
Du parterre ;
Il peut faire
Des heureux :
Que ses vœux
Soient pour eux !

(Le comte donne la main à Francesca ; Léonard prend celle
d'Amanda ; Crépinel les suit armé d'un énorme bouquet. Palmire à demi cachée dans un coin de la pièce
les regarde partir avec intérêt. — La toile tombe.)

FIN DE FRANÇOISE ET FRANCESCA.

PARIS. — IMPRIMERIE NORMALE DE JULES DIDOT L'AINÉ

n° 4, boulevart d'Enfer.

LIVRES A TRÈS BON MARCHÉ,
CHEZ J. N. BARBA, LIBRAIRE, PALAIS-ROYAL.

RACHEL, son enfance, ses malheurs, jusqu'à ses débuts à la Comédie Française; avec une Notice sur les Actrices célèbres; in-8° jésus, orné d'une belle lithographie allégorique. 2 fr.

DICTIONNAIRE DES BEAUX-ARTS, par Millin, de l'Institut, conservateur des médailles antiques et des pierres gravées, des bibliothèques impériales, professeur d'antiquités, etc.; 6 vol. in-8°. Au lieu de 42 fr., 12 fr.

FRANCE DRAMATIQUE. — PIÈCES EN VENTE :

La Seconde Année.
L'École des Vieillards.
L'Ours et le Pacha.
Le Camarade de lit.
Le Mari et l'Amant.
Les Malheurs d'un A-
　mant heureux.
Henri III, en 5 actes.
Un Duel sous le cardinal
　de Richelieu.
Calas, de Ducange.
Michel et Christine.
Le Mariage de raison.
L'Homme au Masque de
　fer.
La Jeune Femme colère
L'Incendiaire.
La Vieille.
Le Jeune Mari.
La Demoiselle à marier.
Les Vêpres Siciliennes.
Le Budget d'un jeune
　ménage.
L'Auberge des Adrets.
Philippe.
La Dame blanche.
Toujours.
Dix ans de la vie d'une
　Femme.
Le Lorgnon.
Bertrand et Raton.
Une Faute.
Le ci-devant Jeune
　Homme.
Marie Mignot.
Pourquoi ?
Richard Darlington.
La Chanoinesse.
Les Comédiens.
L'Héritière.
Léontine.
Le Gardien.
Dominique.
Le Philtre Champenois.
Le Chevreuil.
Le Charlatanisme.
Vert-Vert.
Bruis et Palaprat.
Une Fête de Néron.
Le Mariage extravagant.
Le Paysan perverti.
Pinto, en 5 actes.
La Carte à payer.
Le Mari de ma femme.
Les vieux Péchés.
Luxe et Indigence.
Zoé.
Louis XI.
Ninon chez madame de
　Sévigné.
Robin des Bois.
Marius.
Marie Stuart.
Les Rivaux d'eux-mêmes
La famille Glinet.
Les Héritiers.
Jeanne d'Arc.
Les Maris sans femmes.

L'Assemblée de famille.
Mémoires d'un Colonel
　de Hussards.
Le Paria.
Les Deux Maris.
Le Médisant.
La Passion secrète.
Rabelais.
Les Deux Gendres.
Estelle.
Trente Ans.
Le Pré-aux-Clercs.
La Pompée.
La Tour de Nesle.
Changement d'uniforme
Une Présentation.
Madame Gibou et Ma-
　dame Pochet.
Est-ce un rêve ?
Fra-Diavolo.
Robert-le-Diable.
Le Duel et le Déjeûné.
Zampa.
Avant, Pendant et Après
Les Projets de mariage.
Un premier Amour.
Napoléon, ou Schœn-
　brunn et Sainte-Hé-
　lène.
Le Courte-Paille.
Le Hussard de Felsheim.
1760, ou les trois Cha-
　peaux.
Rigoletti
Robert Macaire.
Frédégonde et Bruné-
　haut.
Gustave III.
Elle est folle.
L'Abbé de l'Epée.
Un Fils.
Les Enfants de M. Jovial.
M. Jovial.
Victorine.
Catherine, ou la Croix
　d'or.
La Belle-Mère et le
　Gendre.
Heur et Malheur.
Il y a Seize Ans.
L'Héroïne de Montpel-
　lier.
C'est encore du Bonheur
La Mère au Bal, et la
　Fille à la maison.
Jean.
Les Etourdis.
Valérie.
Faublas.
Picaros et Diégo.
La Démence de Charles
　VI.
Une Heure de mariage.
Madame Du Barry.
Le Coiffeur.
Le marquis de Brunoy.
Le Voyage à Dieppe.
Les Anglaises pour rire.

La Fille d'honneur.
Un Moment d'impru-
　dence.
Le Dîner de Madelon.
Les Deux Ménages.
Le Bénéficiaire.
Les Malheurs d'un joli
　Garçon.
Robert, chef de Brigands
Michel Perrin.
Une Journée à Ver-
　sailles.
Le Barbier de Séville.
Les Cuisinières.
Le nouveau Pourceau-
　gnac.
Marie.
Le Secrétaire et le Cui-
　sinier.
Clotilde.
Le Bourgmestre de
　Sardam.
Le Roman.
Le Coin de rue, ou le
　Rempailleur de chai-
　ses.
Le Célibataire et
　l'Homme marié.
La Maison en loterie.
Les Deux Anglais.
Le Mariage impossible.
La Ferme de Bondi.
Werther.
La Prison d'Edimbourg.
La Première Affaire.
La Famille de l'apothi-
　caire.
Don Juan d'Autriche.
L'Enfant trouvé.
Le Poltron.
Le Facteur.
Misanthropie et Repen-
　tir.
Le Chalet.
Poirier, Leclerc.
Monnard et Compagnie.
Agamemnon.
Chacun de son côté.
Le Vagabond.
Thérèse.
Sans Tambour ni Trom-
　pette.
Marino Faliero.
Fanchon la Vielleuse.
Prosper et Vincent.
Clénarvon.
Le Conteur.
Le Caleb de Walter-
　Scott.
La Dame de Laval.
Carlin à Rome.
Les Deux Philibert.
Les Couturières.
Couvent de Tonnington
Le Landau.
Une Famille au temps
　de Luther.
Les Potelais.

Honorine.
Angéline.
La Princesse Aurélie.
Les Petites Danaïdes.
Sophie Arnould.
Un Mari charmant.
Les Deux Frères.
Madame Lavalette.
La Pie Voleuse.
La Famille improvisée.
Les Frères à l'épreuve.
Le marquis de Carabas.
La Belle Ecaillère.
Les Deux Jaloux.
La Laitière de Mont-
　fermeil.
Les Bonnes d'Enfants.
Farruck le Maure.
Monsieur Sans-Gêne.
Madame de Sévigné.
M. Chapolard.
La Camargo.
Préville et Taconnet.
Le Bourru bienfaisant.
La Fille de Dominique.
La Philosophie sans le
　savoir.
Rossignol.
Deux vieux Garçons.
La jeunesse du duc de
　Richelieu.
Le Père de la Débutante.
L'Avoué et le Normand.
La Juive.
Un Page du Régent.
Les Indépendants.
Les Huguenots.
Mal noté dans le quartier
L'Idiote, drame en 4 act.
Surette.
Guillaume Colmann, dr.
　en 5 actes.
Les Deux Edmond.
Le Serment de Collège.
La Vie de Garçon.
La Camaraderie.
Le Commis-Voyageur.
La Liste de mes Mai-
　tresses.
Alix, ou les Deux Mères
Harnali, *parodie*.
99 Moutons et un Cham-
　penois.
Un Ange au sixième
　étage.
Frascati, vaud. en 3 act.
La Cocarde tricolore.
La Muette de Portici.
La Foire Saint-Laurent.
Clermont.
Le Proupiou, v. en 3 a.
Le Perruquier de la Ré-
　gence.
Le Chevalier du Temple
Le Mariage d'argent.
Le Camp des Croisés,
　avec une Préface fort
　curieuse et une *Lettre*

de *Victor Hugo* à l'au-
　teur.
Mademoiselle d'Aloigny
Une Vision, ou le Sculp-
　teur.
Le Bourgeois de Gand.
Le Pauvre Idiot, d. 5 a.
Louise de Lignerolles,
　drame en 5 actes.
L'Homme de Soixante
　Ans.
Marguerite.
La Belle-Sœur.
Céline la Créole, ou l'O-
　pinion, dr. en 5 actes.
Mademoiselle Bernard,
　ou l'Autorité paternelle
Précepteur à Vingt Ans!
Madame Grégoire.
La Cachucha.
Samuel le marchand, dr.
　en 5 actes.
Guillaume Tell, op. 4 a.
Henri Hamelin, dr. 3 a.
Un Testament de dragon
Le Ménestrel, com. 5 a.
Les Bayadères de Pithi-
　viers, vaud. en 3 tabl.
Peau d'âne, en 5 a.
L'Ouverture de la Chasse
La Vie de Château.
Thérèse.
L'Obstacle imprévu.
Richard Savage, dr. 5 a.
Le Grand-Papa Guérin.
Le Général et le Jésuite,
　drame en 5 actes.
La Boulangère a des écus
Don Sébastien de Por-
　tugal, trag. ou 5 actes.
C'est Monsieur qui paie.
Mademoiselle Clairon.
Ruy-Brac, parodie de
　Ruy-Blas.
Une Position délicate.
Randal, dr. en 5 actes.
L'Enfant de Giberne.
Sept Heures.
Un Bal de Grisettes.
Candinot, roi de Rouen.
Françoise et Francesca.

IMPRIMERIE ET FONDERIE NORMALES DE JULES DIDOT L'AÎNÉ,
N° 4, BOULEVART D'ENFER.